Fröhliche Holzdeko

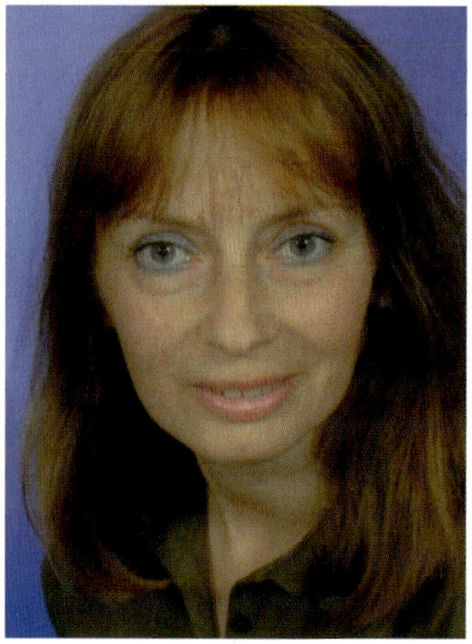

Monika Gänsler,

gelernte Goldschmiedin, veröffentlicht seit 15 Jahren Bücher im frechverlag. Angefangen hat es mit Fensterbildern aus Papier, inzwischen ist Holz ihr liebstes Material. „Holz, ja Holz, ist mein Material. Es sieht gut aus, fasst sich gut an – es ist ganz einfach angenehm zu berühren und zu verarbeiten."
Unterstützt wird sie von ihrem Mann, der auch beim Sägen hilft, und ihren zwei Töchtern. Die Familie ist auch der beste Kritiker und größte Fan zugleich: Kaum ist ein neues Buch erschienen, meldet sich auch schon die Verwandtschaft und deutet an, dass ein kleines Holzmitbringsel zum Geburtstag nett wäre. Ja, ja, so sind sie, die lieben Verwandten!

Die Zeichen bei den Motiven haben folgende Bedeutung:

Schwierigkeitsgrad

- ☉ für Anfänger
- ☉☉ für Geübte
- ☉☉☉ für Fortgeschrittene

Zeitaufwand

- ⏰ bis 4 Stunden
- ⏰⏰ bis 6 Stunden
- ⏰⏰⏰ über 6 Stunden

Kosten

- € bis 10 Euro
- €€ bis 20 Euro
- €€€ über 20 Euro

Impressum

KONZEPTION: Monique Rahner
LEKTORAT: Susanne Kuhn
GESTALTUNG: Petra Theilfarth
FOTOS: frechverlag GmbH, 70499 Stuttgart; Fotostudio Ullrich & Co., Renningen; Monika Gänsler (Schrittfotos)
DRUCK: DELO-Tiskarna d.d., Ljubljana

Auflage: 5. 4. 3. 2. 1.
Jahr: 2011 2010 2009 2008 2007 [Letzte Zahlen maßgebend]
ISBN 978-3-7724-5801-9 • Best.-Nr. 5801

Fehlt Ihnen bisher noch die passende Dekoration für Ihr Zuhause? Dann ist dieses Buch genau richtig! Zehn fröhliche, farbenfrohe Holzmotive warten darauf, von Ihnen gesägt und bemalt zu werden, um Sie dann durch die Jahreszeiten begleiten zu dürfen.

Mit den neuen, ausführlichen Bild-für-Bild-Anleitungen wird das Nacharbeiten der Motive für Sie zum Kinderspiel! Folgen Sie einfach der farbigen gestrichelten Linie, die Sie von einem Arbeitsschritt zum nächsten führt. So haben Sie immer alles im Blick und Ihr neues Holzmotiv gelingt garantiert.

Probieren Sie es aus! Holen Sie sich Sperrholz oder auch Leimholz, eine Säge und Acrylfarbe, und los geht es! Sorgen Sie für Hingucker im Haus, Garten und auf dem Balkon oder machen Sie lieben Menschen damit eine Freude.

Ich wünsche Ihnen viel Spass beim Sägen und Bemalen!

Ihre

Monika Gänsler

Materialkunde

Folgende Materialien und Werkzeuge werden für fast alle Modelle hier im Buch benötigt. Sie werden in den speziellen Materiallisten nicht mehr aufgeführt.

Bohreinsätze
Ideal sind Spiralbohrer aus Hochleistungsstahl. Holzspiralbohrer sind ab einer Größe von 4 mm erhältlich, für kleinere Löcher eignen sich Universalbohrer.

Kreuzschlitzschraubendreher
Zum Verschrauben von Einzelteilen.

Laubsäge, Dekupiersäge und Stichsäge
Die Laubsäge ist für Sägearbeiten mit dünnem Holz bis ca. 1 cm Stärke geeignet. Mit der Dekupiersäge wird dickeres Holz bis 2,5 cm Stärke verarbeitet, die Stichsäge eignet sich zum Sägen von größeren Sperrholzteilen bis ca. 5 cm Stärke.

Schleifpapier
Zum Glätten und Säubern von Holzoberflächen. Zum Vorschleifen ist grobes (z. B. 80er), für den Feinschliff vor der Bemalung mittleres bis feines Schleifpapier (120er bis 200er) empfehlenswert.

Holz
Sämtliche in diesem Buch gezeigten Modelle sind aus Pappelsperrholz oder Leimholz gearbeitet.

Bohrmaschine
Empfehlenswert sind Akku-Bohrschrauber oder Bohrschrauber mit Netzgerät.

Seitenschneider
Zum Abtrennen von Drähten.

Draht
Für die Modelle in diesem Buch ist weicher, geglühter Bindedraht besonders empfehlenswert.

Einhandzwinge und Mini-Spannzwingen
Dienen zur Fixierung von Teilen nach Leim- und Klebearbeiten. Alternativ können auch passende Schraubzwingen verwendet werden.

Feile
Zum Abrunden der Kanten.

Bleistift, Radiergummi, Schneiderkopierpapier (ggf. auch Kohlepapier), Transparentpapier, Schere, dünner Karton für Schablonen, Kreppklebeband und Klebestift
Zum Übertragen von Vorlagen und Herstellen von Schablonen.

Stoffe
Schön gemusterte Patchworkstoffe eignen sich sehr gut zum Verzieren der Motive.

Weißer Lackmalstift, schwarzer Permanentmarker, Ellipsenschablone
Zum Bemalen der Motive.

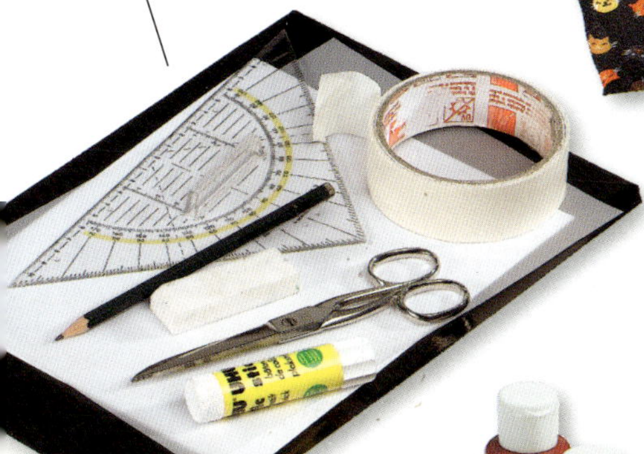

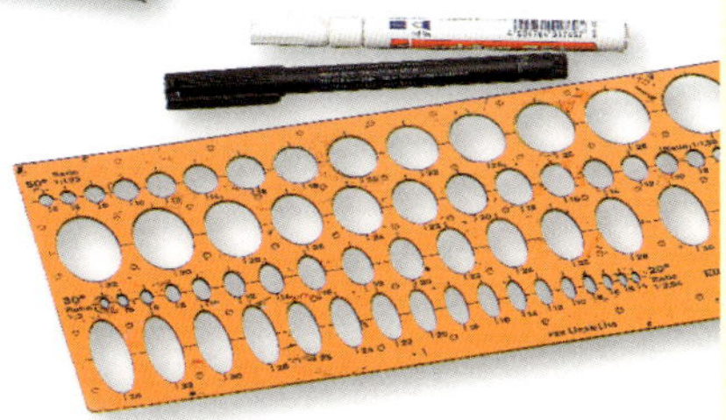

Heißkleber/Holzleim/ UHU Alleskleber kraft
Zum Fixieren von Holzteilen und Accessoires.

Pinsel
Zum Bemalen der Motive.

Acrylfarben
Zum Bemalen der Motive ist bereits einfache Hobby-Acrylfarbe geeignet. Sie ist vermischbar, wasserlöslich und nach dem Trocknen wasserfest. Für einige Modelle werden auch Acrylfarben mit besonderem Struktur- und Antikeffekt verwendet.

Lacke/Lasuren
Schützen die Motive gegen Feuchtigkeit, Stöße und Kratzer.

TIPPS

Sperrholzplatten in der Größe A4 oder A3 erhalten Sie abgepackt im Hobbyfachhandel oder Baumarkt. Größere Platten können Sie sich im Baumarkt, in Sägewerken oder in einer Schreinerei in der gewünschten Größe zuschneiden lassen. Oft erhalten Sie dort auch preisgünstige Reststücke.

Statt Buchenleimholz können Sie auch preiswerteres Fichtenleimholz verwenden.

Pinsel sollten nicht nach jedem Arbeitsgang, sondern erst nach dem Beenden des Bemalens mit Seife ausgewaschen werden, sonst verliert das Pinselhaar seine Festigkeit.

Vorlagen übertragen

Einen Bogen Paus- oder Schneiderkopierpapier mit der beschichteten Seite nach unten auf das benötigte Holz legen, darüber die Vorlage platzieren. Ggf. mit etwas Kreppklebeband gegen Verrutschen fixieren. Nun die Konturen und sämtliche Innenlinien des Motivs mit einem Bleistift oder Kugelschreiber nachfahren. Zusätzliche Einzelteile werden mit etwas Abstand zum Grundmotiv separat auf das Holz übertragen. Dabei darauf achten, dass sich die Teile nicht überschneiden. Bei einigen Motiven werden die Einzelteile allerdings aus verschiedenen Hölzern gearbeitet.
Die Umrisslinien können auch mit einer Schablone übertragen werden. Dazu die Motivteile ohne Überschneidungen auf Transparentpapier abpausen, das Transparentpapier auf dünnen Karton kleben und die abgepausten Motivteile ausschneiden. Fertig sind die Schablonen, die dann auf das Holz oder den Filz gelegt und mit einem Bleistift oder Kugelschreiber umfahren werden können.

Holz aussägen

Alle Teile mit einer Laub-, Stich- oder Dekupiersäge aussägen. In den Ecken am besten auf der Stelle sägen und dabei das Motiv langsam drehen. Das Sägen von Ecken wird leichter, wenn mit einem dünnen Bohrer zuerst ein kleines Loch in die Ecke gebohrt wird. Dann das Sägeblatt dort einführen und so die Ecke aussägen. Die Kanten evtl. mit einer Feile und Schleifpapier glätten. Für gerade Kanten etwas Schleifpapier um ein gerades Stück Holz wickeln und so glätten.

So wird's gemacht

Holz bemalen

Die Holzteile mit Acrylfarbe bemalen und gut trocknen lassen. Für einen zarten, transparent wirkenden Anstrich die Farbe stark mit Wasser verdünnen. Kräftige Farbakzente werden durch unverdünntes, sattes Auftragen der Farbe erzielt. Der Farbton Rosa z. B. entsteht durch das Vermischen von Rot und etwas Weiß. Je heller der Rosa-Ton sein soll, umso mehr Weiß muss dem Rot hinzugefügt werden.
Ggf. sämtliche Innenlinien mit Transparentpapier auf das Motiv übetragen (siehe Tipp, Seite 15). Gesichtslinien werden meist mit feinen, wasserfesten Permanentmarkern nachgezeichnet. Damit die Augen schön oval werden, am besten eine Ellipsenschablone verwenden. Das Augenweiß mit einem Lackmalstift aufmalen, bei sehr kleinen Flächen die Farbe mit einem Zahnstocher auftragen. Wangen und Nasen sind mit weißen Pinselstrichen versehen. Die Gesichter am besten immer vor dem Aufkleben weiterer Einzelteile gestalten.

Holzteile zusammenfügen

Sind alle Einzelteile bemalt und getrocknet, diese mit Heißkleber, Holzleim oder UHU Alleskleber kraft der Anleitung entsprechend zusammensetzen. Bei einigen Motiven werden die Einzelteile mit Schrauben verbunden. In diesem Fall nach dem Bemalen die benötigten Löcher entsprechend der Vorlage bohren. Damit das Holz an der Bohrstelle nicht reißt und das Bohren leichter fällt, Löcher ab einem ø von 4 mm erst mit einem kleinen Bohrer (z. B. ø 1,5 mm oder 2 mm) vorbohren. Bohrlöcher mit einem ø von 1 cm zuerst mit einem 2 mm-Bohrer vorbohren, dann mit dem 4 mm-Bohrer nachbohren. Zum Schluss den 1 cm-Bohrer zum Ausbohren verwenden. Soll das Motiv im Freien stehen, dieses abschließend lackieren oder mit einer wetterfesten Lasur überziehen.

HINWEISE

- Als Rest wird immer ein Stück bezeichnet, das maximal A5 groß ist.
- Der 1,4 mm starke Bindedraht ist unter dem Namen „Rödeldraht“ im Baustoffhandel erhältlich.

TIPP

Für dekorative Drahtlocken den Bindedraht um einen runden Bleistift oder ein Rundholzstäbchen wickeln, wieder abziehen und zurechtformen.

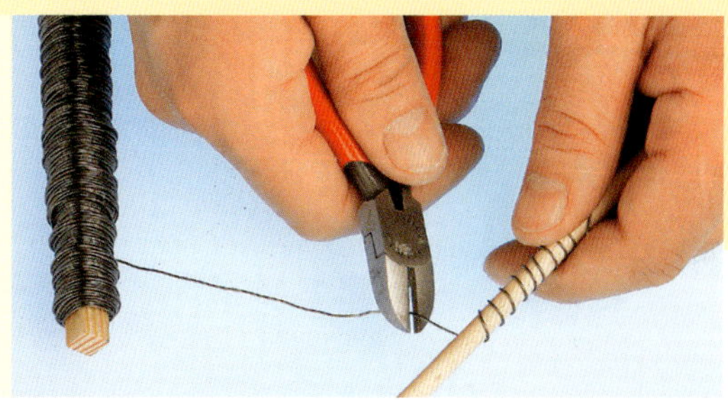

HALLO

SCHWIERIG-KEITSGRAD

ZEITAUFWAND

KOSTEN

€

MOTIVHÖHE

Schweinchen ca. 12,5 cm

MATERIAL

- Sperrholz, 6 mm stark, 25 cm x 15 cm
- Sperrholz, 1 cm stark, 20 cm x 24 cm
- Holzlatte, 1 cm stark, 3 cm x 60 cm
- Acrylfarbe in Zartrosa, Lachsrot, Zartblau, Lindgrün, Pfirsich und Hausergrün
- Plusterstift in Weiß
- Bindedraht, ø 0,65 mm
- Strohbündel (evtl. Bastfasern in Natur)
- Holzbuchstaben: H, A, L, L, O, 3 cm hoch
- 3 Stoffmargeriten in Rosa, ø 3 cm
- ggf. Kreisschablone

VORLAGEN-BOGEN B

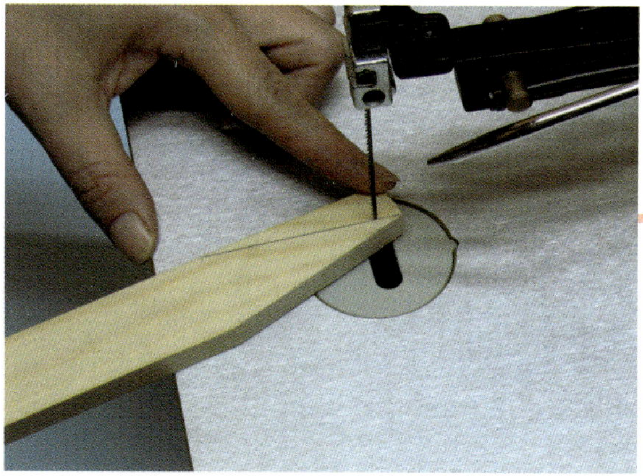

1 Die Holzlatte an einem Ende mit der Dekupiersäge zuspitzen.

2 Das Schwein aus dem dicken, die Nase und das Brett aus dem dünnen Sperrholz aussägen. Sämtliche Kanten abschleifen und alle Einzelteile zum Bemalen ablegen.

Blumentopfstecker

DIESE DEKORATION IST LEICHT ZU ARBEITEN.
DIE HOLZBUCHSTABEN KÖNNEN SIE FERTIG KAUFEN.

3 Alle Sperrholzteile, die Holzlatte und Holzbuchstaben wie abgebildet anmalen. Ohren, Nase, Wangen und Zehen mit etwas Lachsrot betonen. Das Gesicht gestalten und alle Innenlinien aufmalen. Für gleichmäßige Augen ggf. eine Kreisschablone verwenden. Die Holzlatte mit weißen Plusterstiftstreifen verzieren.

4 Die Nase aufkleben und das Schild mit den Holzbuchstaben bekleben. Das Strohbündel mit etwas Bindedraht umwickeln.

5 Die Drahtenden locken.

6 Das Schwein und das Schild auf die Holzlatte kleben.

7 Das fertige Strohbündel mit Heißkleber anbringen und die Stoffblüten aufkleben.

TIPP

Falls Sie keine passenden Holzbuchstaben finden, können Sie diese aus dünnem Sperrholz aussägen. Alternativ können Sie den Schriftzug auch mit einem Plusterstift auf das Schild schreiben.

SCHWIERIG-KEITSGRAD
○○

ZEITAUFWAND
⏰⏰

KOSTEN
€€

MOTIVHÖHE
ca. 39 cm

MATERIAL
- Sperrholzrest, 6 mm stark
- Buchenleimholz, 1,8 cm stark, 40 cm x 40 cm
- Acrylfarbe in Elfenbein, Lindgrün, Olivgrün, Hautfarbe, Lachsrot, Weiß und Zartblau
- 4 Holzräder, ø 8 cm, Bohrung: ø 5 mm
- Rohholzkugel, ø 2,5 cm, Bohrung: ø 6 mm
- Rundholzstäbchen, ø 5 mm, pro Achse 4,6 cm lang
- Ringschraube in Messing, 0,8 mm x 0,4 mm x 1,8 mm
- Bindedraht, ø 0,65 mm
- Messingschelle, ø 2,4 cm
- Paper Perfect® in Elfenbein
- Paketschnur, ø 2,5 mm
- Spachtel
- Bohrer, ø 1,5 mm und 5,5 mm

VORLAGEN-BOGEN A

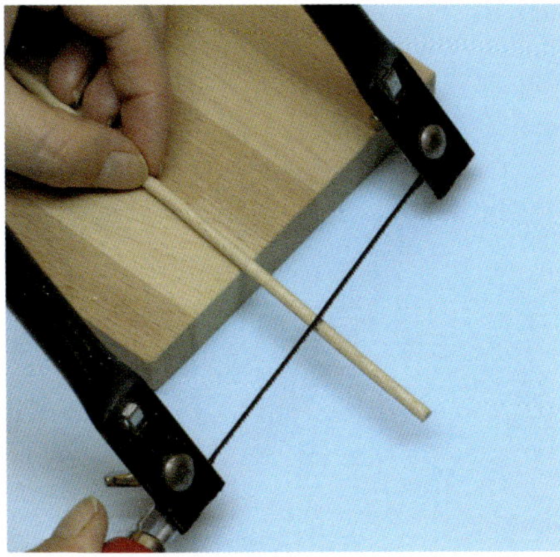

1 Die Achsen aus dem Rundholzstäbchen zusägen.

2 Die Ohren aus Sperrholz und das Schaf aus Leimholz aussägen. Diese Teile abschleifen und alles zum Bemalen auf dem Arbeitsplatz anordnen.

Schäfchen auf Rädern

DANK SEINER FLOTTEN ROLLEN FOLGT IHNEN DIESES SCHÄFCHEN MIT „KUSCHELFELL“ ÜBERALL HIN.

3 Die Ohren, den Körper, die Räder, Rohholzkugel und Radachsen wie abgebildet anmalen. Nase und Ohren stellenweise mit etwas Rot betonen. Gut trocknen lassen.

4 Das Gesicht wie abgebildet gestalten. Die Löcher für die Achsen bohren: Mit einem dünnen Bohrer vorbohren, anschließend mit dem dicken Bohrer nachbohren.

5 Für die Ringschraube ein kleines Loch in den Körper bohren. Für die Messingschelle ebenfalls ein Loch von vorne bohren.

7 Die Radachsen durch die Bohrungen der Füße stecken und die Räder montieren. Die Messingschelle mit Bindedraht befestigen, die Ringschraube eindrehen und die Paketschnur als Schlaufe durch die Ringschraube fädeln. Am anderen Ende die Paketschnur mit etwas Abstand zum Schnurende nochmals verknoten, durch die Holzkugel ziehen und die Kugel mit einem weiteren Knoten sichern.

6 Nach dem Aufkleben der Ohren das Fell mit Paper Perfect® auftragen. Gemäß Herstellerangaben trocknen lassen. Die Rückseite der Figur ebenso gestalten (siehe Tipp).

TIPP

Damit die Rückseite des Schäfchens genauso hübsch wie die Vorderseite aussieht, müssen alle Innenlinien spiegelverkehrt darauf übertragen werden. Dazu das Motiv mit sämtlichen Innenlinien mit einem Bleistift vom Vorlagenbogen auf Transparentpapier abpausen, dieses mit der bemalten Seite nach unten auf die Rückseite der gestalteten Figur legen und die Innenlinien nochmals mit dem Bleistift nachziehen. Nun das Motiv wie auf der Vorderseite bemalen und verzieren.

SCHWIERIG-KEITSGRAD
ʘʘʘ

ZEITAUFWAND

KOSTEN
€ €

MOTIVHÖHE
ca. 24 cm

MATERIAL
- Sperrholzrest, 6 mm stark
- Sperrholz, 1 cm stark, 70 cm x 40 cm
- Acrylfarbe in Gelbgrün, Zartblau, Pfirsich, Zarttürkis, Zartrosa, Zinnoberrot und Weiß
- Bindedraht, ø 0,35 mm und 0,65 mm
- 8 Holzschrauben, Senkkopf, ø 3 mm, 3 cm lang
- Plusterstift in Weiß
- 6 Stoffgänseblümchen, ø 2 cm
- Stoffstreifen, 4 cm breit, 18 cm lang
- Bohrer, ø 1,5 mm, 2 mm und 4 mm

VORLAGEN-BOGEN B

1 Sämtliche Einzelteile aus Holz vorbereiten: Die Schmetterlinge aus dem dünnen, die Füße, die Frösche, die Bodenplatte, die Seitenteile und die Vorderseite aus dem dicken Sperrholz aussägen.

2 Alle Teile wie abgebildet anmalen: Die Vorderseite und die Seitenteile der Kiste mit Streifen bemalen. Die Gesichter mithilfe der Ellipsenschablone gestalten und alle Innenlinien aufmalen. Die Schmetterlinge, die Seitenteile und die Vorderseite der Kiste mit Plusterstift in Weiß verzieren.

Frosch-Blumenkasten

FÜR DIESES LUSTIGE MODELL SOLLTEN SIE ETWAS ÜBUNG UND ZEIT MITBRINGEN.

3 Sämtliche Löcher gemäß Vorlage bohren. An der Unterseite der Schmetterlinge ebenfalls eine Bohrung anbringen, hier wird später der Draht für die Befestigung an der Kiste eingesteckt. Am Kopfende eine Bohrung für die Fühler anbringen.

4 Die Einzelteile für die Kiste zusammenschrauben: Das Froschmotiv von hinten an die Bodenplatte schrauben, die Seitenteile werden von unten an der Bodenplatte festgeschraubt.

5 Die Vorderseite der Kiste zusammen mit den Füßen an die Seitenteile und die Bodenplatte leimen. Mit der Einhandzwinge fixieren, bis der Leim getrocknet ist.

6 Für die Fühler der Schmetterlinge jeweils ein ca. 14 cm langes Stück des dickeren Bindedrahtes abkneifen, mittig knicken und die Enden zu einer Schnecke biegen. Die Knickstelle etwas zusammendrücken und in die Bohrung einkleben. Für die Befestigung der Schmetterlinge ein weiteres, ca. 26 cm langes Stück Bindedraht ebenso herstellen und mit einem Bleistift stellenweise etwas locken. Die Drahtenden umbiegen und mit Klebstoff in den Bohrungen auf der Unterseite fixieren.

7 Die Verzierungen anbringen: Den Stoffstreifen doppelt legen und unterhalb der Knickstelle mit dünnem Bindedraht umwickeln. Die Drahtenden locken und das fertige Halstuch am Froschjungen festkleben. Die Gänseblümchen wie abgebildet am Hals und am Kopf des Froschmädchens fixieren.

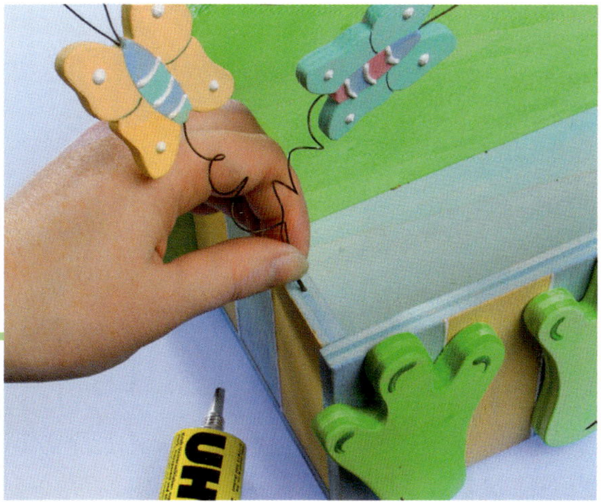

8 Die Knickstelle des Bindedrahtes, an dem die beiden Schmetterlinge befestigt sind, in die Bohrung des Seitenteils der Kiste stecken und mit Klebstoff fixieren.

TIPP

Schön sommerlich sieht dieser Blumenkasten auch aus, wenn Sie die Vorderseite des Kästchens einfarbig bemalen und anstelle der Füße weitere bunte Schmetterlinge aufkleben. Stöbern Sie in Kaufhäusern und Fachgeschäften nach bunten Stoffresten und gestalten Sie das Halstuch des Froschjungen nach Belieben. Ein kleiner Holzknopf, der an der Knickstelle des Stoffes auf den Bindedraht geklebt wird, sorgt für einen zusätzlichen Hingucker!

SCHWIERIGKEITS-GRAD

ZEITAUFWAND

KOSTEN

€

MOTIVHÖHE

ca. 26 cm

MATERIAL

- Sperrholzrest, 6 mm stark
- Sperrholz, 1 cm stark, 20 cm x 20 cm
- Rohholzhalbkugel, ø 1 cm
- Acrylfarbe in Hautfarbe, Weiß, Zartrosa, Goldgelb, Mittelblau, Zartblau und Hausergrün
- Metallglöckchen in Silber, ø 9 mm
- Baumwollkordel in Weiß, ø 1 mm, ca. 32 cm lang (Arme und Beine je 8 cm lang)
- Plusterstifte in Weiß und Sonnengelb
- Satinband in Hellgrün, 3 mm breit, 2 x 22 cm lang
- Bindedraht, ø 0,65 mm
- Stoffstreifen, 3 cm breit, 15 cm lang
- Bohrer, ø 1,5 mm und 2 mm

VORLAGEN-BOGEN B

1 Die Hände, die zusätzlichen Haare und das Schild aus dem dünnen, das Blumenmädchen und beide Füße aus dem dicken Sperrholz aussägen.

2 Alle Sperrholzteile und die Rohholzhalbkugel wie abgebildet anmalen. Nach dem Trocknen alle Innenlinien aufmalen, das Gesicht gestalten und den Schriftzug anbringen. Die Nase ergänzen.

3 Dem Mädchen die zusätzlichen Haare aufkleben und mit Mini-Spannzwingen fixieren.

Blumenmädchen

KLEIN, ABER FEIN IST DIESE BEZAUBERNDE SCHÖNHEIT, DIE NICHT VIEL ZEIT UND MATERIAL IN ANSPRUCH NIMMT.

4 Sämtliche Bohrungen gemäß Vorlage anbringen.

TIPP

Wenn Sie keine Baumwollkordel zur Hand haben, können Sie auch dünne Paketschnur verwenden. Schreiben Sie anstelle des Willkommensgrußes Ihren Familiennamen auf das Schildchen.

5 Die Baumwollkordelstücke in die Bohrungen der Hände und Füße stecken und mit Klebstoff fixieren. Vor dem Fixieren das Glöckchen auf die Kordel für ein Bein fädeln.

6 Eventuell das Kordelstück zusätzlich mit einem Zahnstocher in die Bohrung drücken.

7 Den Kopf des Mädchens und die Füße mit Plusterstiften verzieren. Das beschriftete Schild mit Heißkleber aufkleben.

8 Aus Satinband zwei Schleifen binden und aufkleben. Aus Bindedraht eine Schlaufe herstellen. Das untere, verdrehte Drahtstück mit UHU Alleskleber kraft in die Bohrung am Kopf des Mädchens kleben.

9 Gut trocknen lassen. Jetzt kann das Blumenmädchen aufgehängt werden.

SCHWIERIG-KEITSGRAD
ooo

ZEITAUFWAND

KOSTEN
€

MOTIVHÖHE
ca. 51 cm

MATERIAL
- Sperrholzrest, 6 mm stark
- Sperrholz, 1 cm stark, 60 cm x 60 cm
- Acrylfarbe in Terrakotta, Weiß, Orange, Reseda, Mittelblau und Olivgrün
- Rundholzstäbchen, ø 4 mm, 5 cm lang
- Rundholzstäbchen und Zahnstocher
- Rohholzkugel, ø 1,5 cm, Bohrung: ø 4 mm
- Bindedraht, ø 0,35 mm
- 8 Holzschrauben, Senkkopf, ø 3 mm, 3 cm lang
- Plusterstift in Weiß
- Stoffstreifen, 5 cm breit, 20 cm lang
- Zinkeimer, ø 5,5 cm, 5 cm hoch
- etwas Heu
- Hammer
- Holzklötzchen
- Bohrer, ø 2 mm und 4 mm

VORLAGEN-BOGEN B

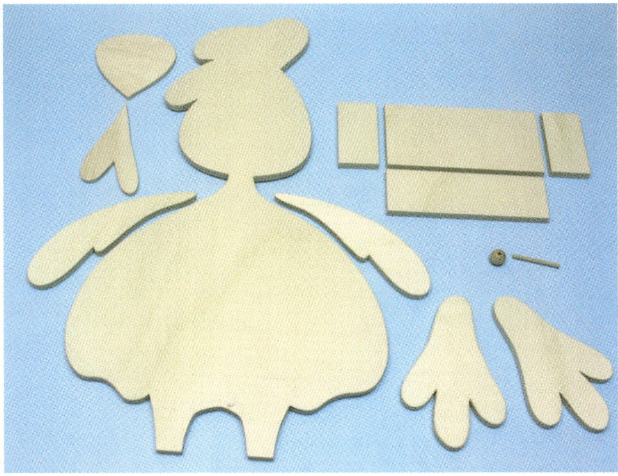

1 Den Schnabel und das Kehlläppchen aus dem dünnen, das Huhn, beide Flügel, beide Füße, die Seitenteile, Vorderseite und Bodenplatte für den Bauchladen aus dem dicken Sperrholz aussägen. Alle versäuberten Holzteile, die Rohholzkugel und das Rundholzstück zum Weiterarbeiten ordnen.

2 Die Rohholzkugel und alle Sperrholzteile wie abgebildet anmalen. Auf dem Kamm mit unverdünntem Rot einige Akzente setzen, mit Weiß auf den Flügeln. Nach dem Trocknen das Gesicht gestalten und die restlichen Innenlinien aufmalen. Das Kehlläppchen und den Schnabel aufkleben.

3 Den Wangenfleck mithilfe eines Rundholzstäbchens auftupfen, mit einem Zahnstocher einen weißen Lichtreflex auftragen.

Osterhuhn

DER PRAKTISCHE BAUCHLADEN ERFORDERT ETWAS FINGERSPITZENGEFÜHL UND SORGFALT BEI DER AUSARBEITUNG.

4 Alle Bohrungen auf der Vorderseite des Huhns und den Füßen anbringen.

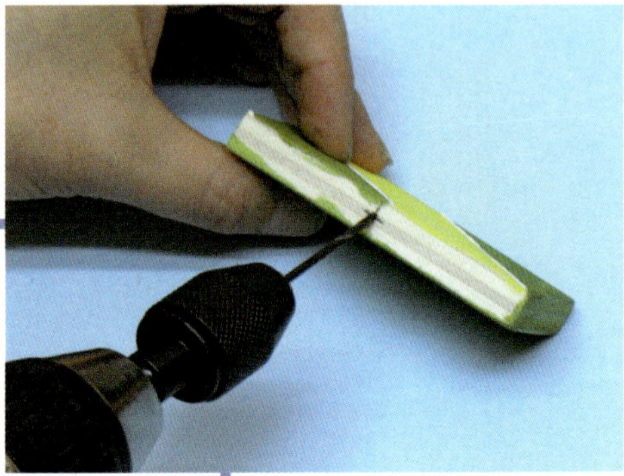

5 Die Löcher an den Seitenteilen bohren.

6 Die Bohrung für den Haken auf der Vorderseite anbringen.

7 Die Seitenteile mit dem Boden verschrauben und den Bauchladen an das Huhn schrauben.

8 Das Rundholzstück und die Rohholzkugel als Haken auf der Vorderseite mit dem Hammer vorsichtig einklopfen. Zum Schutz der Holzkugel ein naturbelassenes Holzstück dazwischen legen.

9 Die Vorderseite anleimen und fixieren.

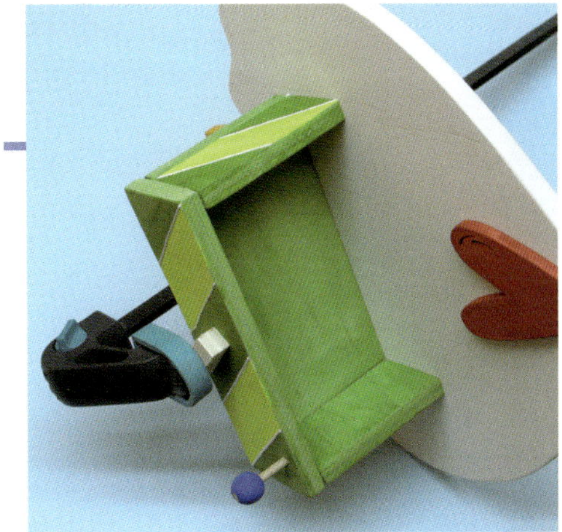

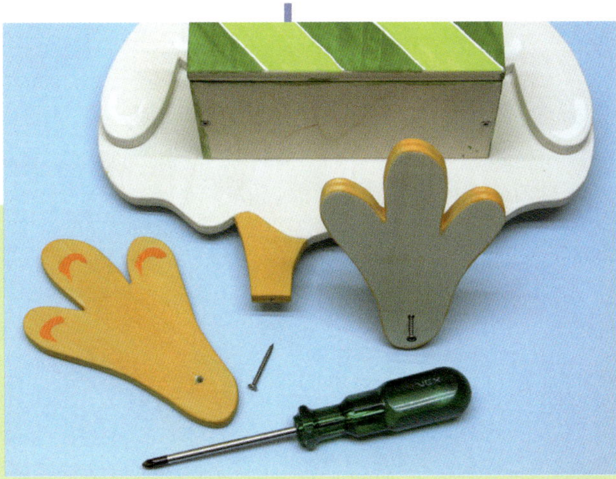

10 Die Flügel aufkleben und die Füße an die Hühnerbeine schrauben.

11 Den Stoffstreifen doppelt legen, ca. 1 cm von der Knickstelle entfernt mit Bindedraht fixieren und mit Heißkleber an den Hals kleben. Den kleinen, gefüllten Eimer an den Haken hängen und den Bauchladen mit Heu auspolstern.

SCHWIERIG-KEITSGRAD
◎

ZEITAUFWAND
⏰

KOSTEN
€ €

MOTIVHÖHE
ca. 30 cm

MATERIAL
- Sperrholzrest, 1 cm stark
- Buchenleimholz, 1,8 cm stark, 35 cm x 30 cm
- Acrylfarbe in Mittelbraun, Weiß und Lachsrot
- Rohholzhalbkugel, ø 3,5 cm
- Bindedraht, ø 0,35 mm und 0,65 mm
- Minirosenranke, ca. 26 cm lang
- Perlmuttknopf: Blüte, ø 2 cm
- Bohrer, ø 1,5 mm

VORLAGEN-BOGEN B

1 Mithilfe einer Schablone den Hasen auf das Leimholz zeichnen.

2 Das Motiv mit der Stichsäge aussägen.

3 Die Füße aus Sperrholz aussägen. Sämtliche Teile zum Bemalen auf der Arbeitsunterlage anordnen.

Häschen

DAS BUCHENLEIMHOLZ SORGT BEI DIESER GANZ EINFACHEN FIGUR FÜR EINEN TOLLEN OPTISCHEN EFFEKT!

4 Die Rohholzhalbkugel und die Holzteile wie abgebildet anmalen. Das Gesicht gestalten. Die Augen mit weißem Lackmalstift ausmalen.

5 Die Bohrungen für die Barthaare anbringen.

6 Nun U-förmig gebogene Drahtstücke aus dickem Bindedraht von hinten durch die Bohrungen stecken und auf der Vorderseite in Form biegen.

7 Die Nase und die Pfoten aufkleben. Den mit dünnem Bindedraht verzierten Perlmuttknopf mit Heißkleber fixieren und die Rosenranke um den Hals legen.

8 Die Enden der Ranke auf der Rückseite verzwirbeln.

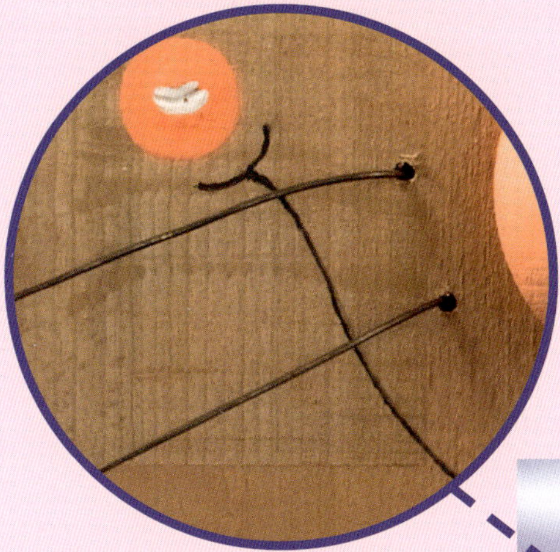

Die Barthaare aus dem dicken Bindedraht sind stabil und trotzdem nach Belieben formbar. Sie verleihen dem Häschen eine natürliche, lebendige Optik.

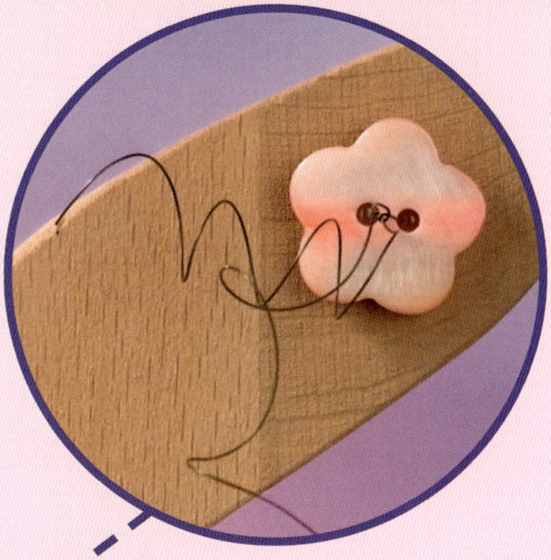

Dieser schimmernde Blütenknopf aus Perlmutt ist ein richtiger Hingucker und passt farblich perfekt zur Rosenranke.

... im Detail

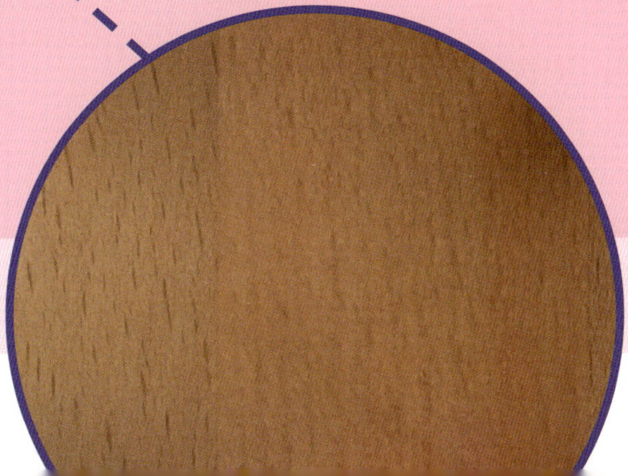

Die schöne Maserung des Leimholzes kommt hier besonders gut zur Geltung!

SCHWIERIGKEITSGRAD
ʘʘ

ZEITAUFWAND

KOSTEN
€

MOTIVHÖHE
ca. 37,5 cm

MATERIAL
- Sperrholzrest, 6 mm stark
- Sperrholz, 1 cm stark, 20 cm x 30 cm
- Acrylfarbe in Schwarz, Terrakotta, Weiß (Wange und Nase), Taubenblau, Mittelblau und Hausergrün
- 2 Rundholzstäbchen, ø 1 cm, je 18 cm lang
- Rundholzstäbchen (Filztasche wölben)
- Bastelfilzrest in Rot
- 9 Kammzwecken (kleine Nägel), ø 1,4 mm, je 1 cm lang
- Baumwollkordel in Natur, ø 1 mm, 5 cm lang
- Bindedraht, ø 0,65 mm
- Stoffstreifen, 4 cm breit, 25 cm lang
- Spitzzange
- Flachzange
- Hammer
- Bohrer, ø 1,5 mm, 2 mm, 4 mm und 1 cm

VORLAGENBOGEN A

1 Die Rundholzstäbchen mit der Dekupiersäge an einem Ende auf einer Länge von ca. 2,5 cm abflachen. Dafür das Stäbchen der Länge nach ca. 2,5 cm tief halbieren und eine Hälfte senkrecht zur Mittelachse absägen.

2 Die Nase und die Maus aus dem dünnen, Katze, Arme und Füße aus dem dicken Sperrholz aussägen. Alle Holzteile abschleifen.

3 Mithilfe einer Schablone das Filzherz ausschneiden.

Katz' und Maus

DIE BEINE SIND DAS KNIFFELIGSTE AN DER KATZE. FOLGEN SIE EINFACH DER SCHRITT-ANLEITUNG, DANN KLAPPT DAS ZUSÄGEN GARANTIERT!

4 Alle Holzteile wie abgebildet anmalen, die Rundholzstücke jedoch am unteren Ende 1 cm weit nicht bemalen. So lassen sie sich später besser in die Bohrungen der Füße stecken. Die Streifen der Beine sind ca. 2 cm breit. Die Gesichter von Katze und Maus gestalten und die Innenlinien ergänzen.

5 Die benötigten Löcher bohren. Die Füße zuerst mit dem 2 mm-Bohrer vorbohren, dann zum 4 mm-Bohrer wechseln. Zuletzt die Löcher mit dem 1 cm-Bohrer nachbohren. Der Katze die Nase aufkleben.

6 Das Baumwollkordelstück in die Bohrung der Maus stecken und mit etwas Klebstoff fixieren. Das Kordelstück ggf. zusätzlich mit einem Zahnstocher in die Bohrung drücken.

7 Die Filztasche mit Kammzwecken festnageln. Dabei vor dem Fixieren ein kurzes Rundholzstäbchen unter den Filz legen, damit eine gewölbte Form entsteht.

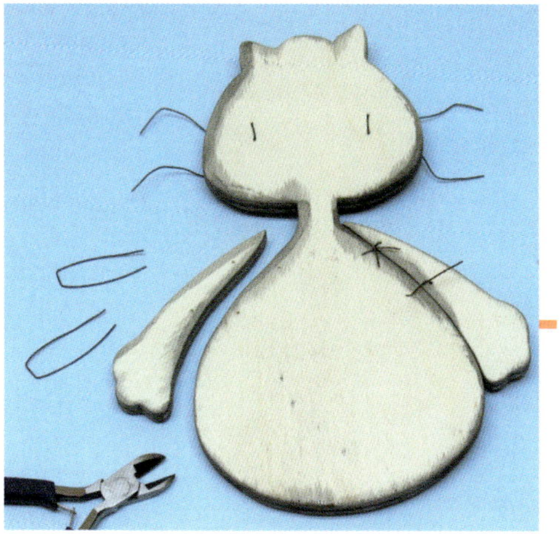

8 Die Arme an den Katzenkörper drahten: Dafür U-förmig gebogene Drahtstücke von vorne durch die entsprechenden Bohrungen stecken und auf der Rückseite verzwirbeln. Für die Schnurrhaare U-förmig gebogene Drahtstücke von hinten durch die Bohrungen stecken und vorne in Form biegen.

9 Die Rundholzstücke in die entsprechende Bohrung der Füße stecken und fixieren. Die abgeflachte Seite von hinten an die Katze kleben.

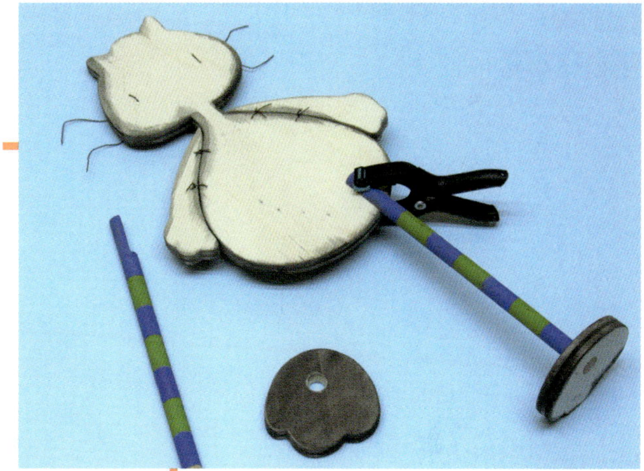

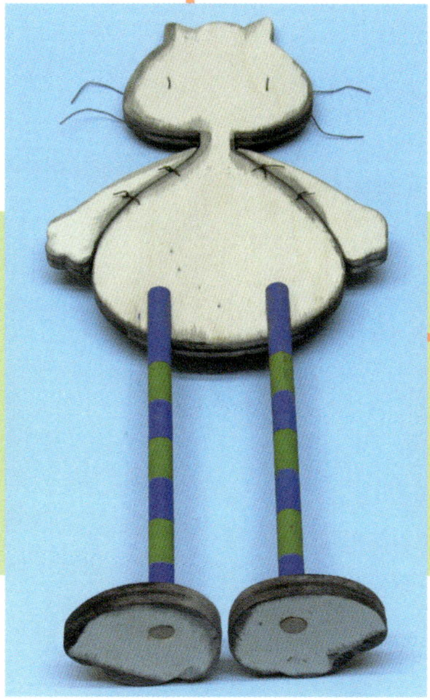

10 Ggf. den abgeflachten Bereich noch etwas nacharbeiten, d.h. der Bauchform anpassen.

11 Den Stoffstreifen der Katze um den Hals binden und die Maus in das Filzherz stecken.

SCHWIERIGKEITSGRAD
ʘʘ

ZEITAUFWAND

KOSTEN
€€

MOTIVHÖHE
ca. 31 cm

MATERIAL
- Sperrholz, 6 mm stark, 28 cm x 20 cm
- Sperrholz, 1 cm stark, 45 cm x 25 cm
- Acrylfarbe in Orange, Mittelblau, Hausergrün, Hautfarbe, Reseda, Weiß (Katzennase), Zinnoberrot, Vanille, Violett, Aubergine, Schwarz, Mittelgelb und Immergrün (Struktur)
- Seegras
- Bindedraht, ø 1,4 mm, ca. 2 cm lang (pro Vogel 1 cm lang)
- Holzschraube, Senkkopf, ø 3 mm, 3 cm lang
- Stoffstreifen, 2 cm breit, 14 cm lang
- Stoffstück, 2 cm x 2 cm
- Bohrer, ø 1,5 mm, 2 mm und 4 mm

VORLAGENBOGEN A

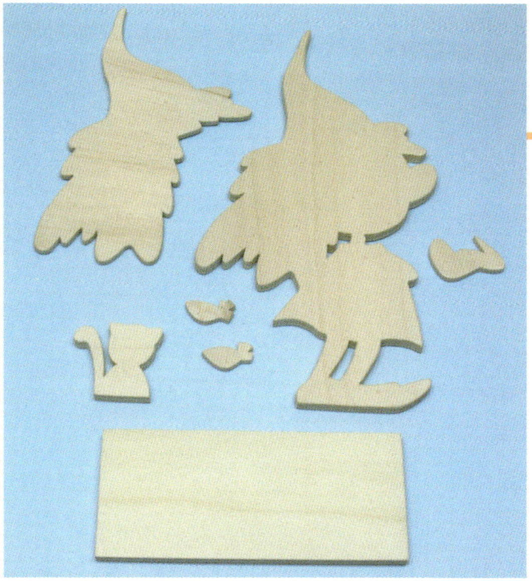

1 Die Vögel, die zusätzlichen Haare samt Hut und das Armteil aus dem dünnen Sperrholz, die Hexe, Katze und Bodenfläche aus dem dicken Sperrholz aussägen. Die Zwischenräume an Hals, Haaren und Beinen aussägen.

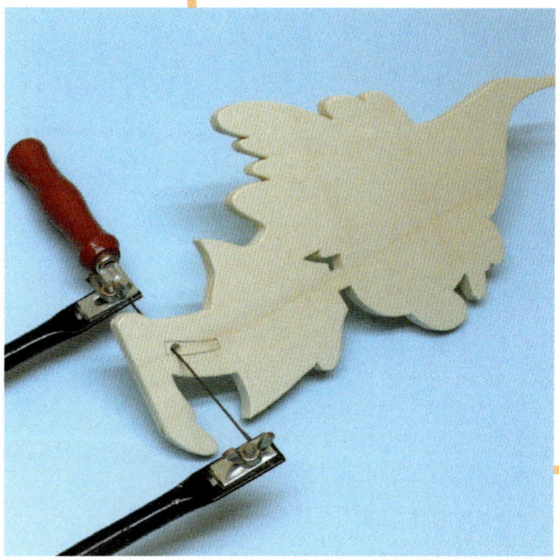

2 Dafür ein Loch in die Fläche bohren, das Sägeblatt der Laub- oder Dekupiersäge hindurchfädeln und aussägen.

Kleine Hexe

MIT EIN WENIG ÜBUNG BEIM SÄGEN UND BEMALEN IST DIESE LIEBEVOLL GESTALTETE FIGUR EIN KINDERSPIEL!

3 Alle benötigten Sperrholzteile abschleifen. Sämtliche Einzelteile wie abgebildet anmalen. Die orangefarbenen Haare mit Zinnoberrot und Vanille schattieren. Nach dem Trocknen die Gesichter gestalten und alle Innenlinien ergänzen.

4 Die Haare und Arme aufkleben und mit Mini-Spannzwingen fixieren.

5 Den Stoffflicken ergänzen. Dann alle Bohrungen auf der Vorderseite und an den Seiten anbringen.

6 Einem Vogel ein Stück Bindedraht in die Bohrung stecken, etwas Seegras um das Drahtstück wickeln und das andere Ende in die Bohrung im Hut stecken.

7 Die Hexe von unten auf die Standfläche schrauben.

8 Die Katze aufleimen und den zweiten Vogel mit etwas Seegras in die Bohrung der Grundfläche stecken. Der Hexe den Stoffstreifen umbinden.

TIPPS

Für den Schal und den Flicken können Sie auch Filz oder einen Rest Schleifenband verwenden.

Möchten Sie die Hexe etwas größer arbeiten, brauchen Sie nur die Vorlagen mit einem Fotokopierer zu vergrößern.

SCHWIERIG-KEITSGRAD

ZEITAUFWAND

KOSTEN

€ €

MOTIVHÖHE

ca. 30 cm

MATERIAL

- Sperrholzreste, 6 mm und 1 cm stark
- Buchenleimholz, 1,8 cm stark, 36 cm x 20 cm
- Leimholz- und Holzleistenrest
- Acrylfarbe in Mittelblau, Weiß, Reseda, Orange, Mittelgelb, Ginster (Antik, Struktur), Hellbraun, Taubenblau und Lachsrot
- Plusterstifte in Weiß, Mittelblau und Maigrün
- Paketschnur, ø 1,3 mm und 1,7 mm
- Strukturschnee
- Bohrer, ø 2 mm

VORLAGEN-BOGEN A

1 Mit einer Schablone den Schneemann auf das Leimholz aufzeichnen.

2 Die Figur mit der Dekupiersäge aussägen.

3 Den Schal und den Mützenrand aus dem dünnen Sperrholz, den Arm und das Arm-Besenteil aus dem dicken Sperrholz aussägen. Alle Holzteile abschleifen und zum Anmalen bereitlegen.

Schneemann

MIT DEM ABGEFLACHTEN RÜCKEN PASST DIESER FRÖHLICHE GESELLE IDEAL IN EINE FENSTERECKE!

4 Alle Teile wie abgebildet anmalen. Das Mäuschen taubenblau bemalen. Nach dem Trocknen die Gesichter gestalten und die Innenlinien ergänzen. Mütze und Schal mit Plusterstiften in Weiß, Mittelblau und Maigrün verzieren.

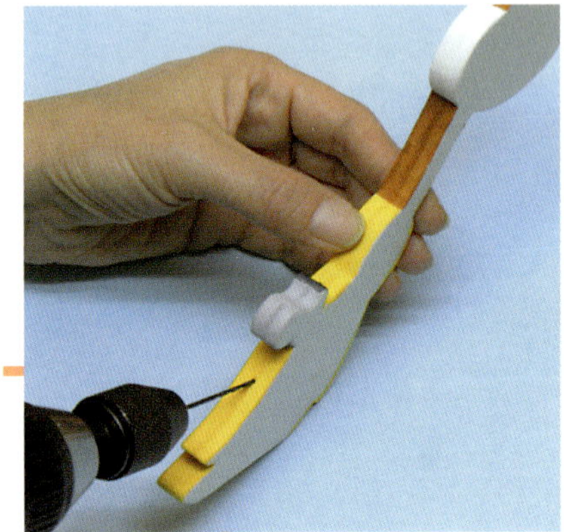

5 Die seitliche Bohrung für das Schwänzchen der Maus anbringen.

6 Den Schal und den Mützenrand fixieren. Den Mützenrand und den Pompon mit Strukturschnee betupfen. Dem Mäuschen den Schwanz einkleben und das Arm-Besenteil am Schneemann fixieren. Einen Leimholzrest unter das Arm-Besenteil legen, damit es nicht herabsinkt. Die Leiste an den Fuß legen. Fußsohle und Besen müssen eben aufliegen. Gut trocknen lassen.

7 Den zweiten Arm ankleben. Als Positionierungshilfe den Vorlagenbogen unter den Schneemann legen. Etwas Paketschnur um den Besen wickeln.

Die Plusterstiftstreifen sorgen für eine tolle, plastische und lebendige Optik.

Die Form der Augen wurde mit der Ellipsenschablone aufgezeichnet – eine Anschaffung, die sich lohnt!

... im Detail

Das winzige Mäuschen erfordert viel Sorgfalt beim Aussägen. Eventuelle Unregelmäßigkeiten sollten Sie mit Schleifpapier nachbearbeiten.

SCHWIERIGKEITSGRAD
ʘʘʘ

ZEITAUFWAND
⏰⏰⏰

KOSTEN
€

MOTIVHÖHE
ca. 47 cm

MATERIAL

- Sperrholzrest, 6 mm stark
- Sperrholz, 1 cm stark, 55 cm x 55 cm
- Acrylfarbe in Antikblau, Antikgrün, Dunkelbraun, Mittelbraun, Terrakotta, Weiß, Metallic-Gold und Schwarz
- Hologramm-Flitter
- Krakelier-Lack
- Glimmerspray in Gold
- 8 Holzschrauben, Senkkopf, ø 3 mm, 3 cm lang
- Stoffstreifen, 8 cm breit, 36 cm lang
- Paketschnur, ø 2,5 mm, ca. 96 cm lang (pro Bein ca. 26 cm, pro Arm ca. 22 cm lang)
- Bohrer, ø 2 mm, 3,5 mm und 4 mm

VORLAGENBOGEN A

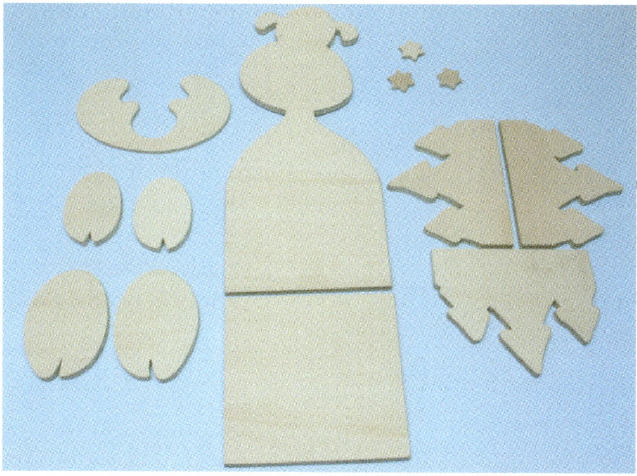

1 Das Geweih und die Sterne aus dem dünnen, den Elch, die Tannenreihen, Hände, Füße und Bodenplatte aus dem dicken Sperrholz aussägen und abschleifen.

2 Alle Teile antikblau grundieren, nach dem Trocknen mit Krakelier-Lack einstreichen und nochmals trocknen lassen.

3 Sämtliche Teile wie abgebildet anmalen. Der Krakeliereffekt wird nun sichtbar.

Elchkiste

DER KRAKELIEREFFEKT SORGT BEI DIESEM ETWAS AUFWÄNDIGEREN MOTIV FÜR EINE RUSTIKALE, ANTIK WIRKENDE OPTIK.

4 Die Sterne mit Glimmerspray besprühen, sofort mit Flitter bestreuen und nochmals mit Glimmerspray überziehen.

5 Alle Bohrungen an der Kiste anbringen. An der Vorderseite die Bohrungen für die Beine ausführen.

6 Die Elchkiste zusammenschrauben.

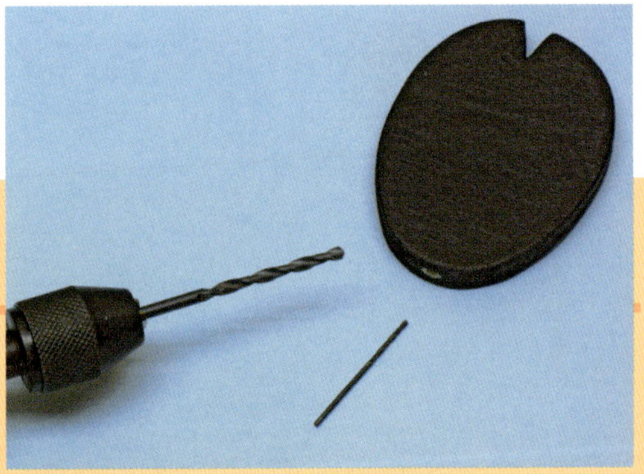

7 Die seitlichen Löcher der Hände und Füße bohren.

9 Jeweils ein Stück Paketschnur in die Hände einkleben. Das andere Ende in die seitliche Bohrung im Körper kleben. Die Paketschnüre für die Beine an einem Ende verknoten, das andere Ende von der Rückseite durch die Bohrung im Vorderteil fädeln und anschließend in die Bohrung der Füße stecken. Mit etwas Klebstoff fixieren. Dem Elch den Stoffstreifen um den Hals binden.

8 Die Vorderseite mit den Sternen anleimen.

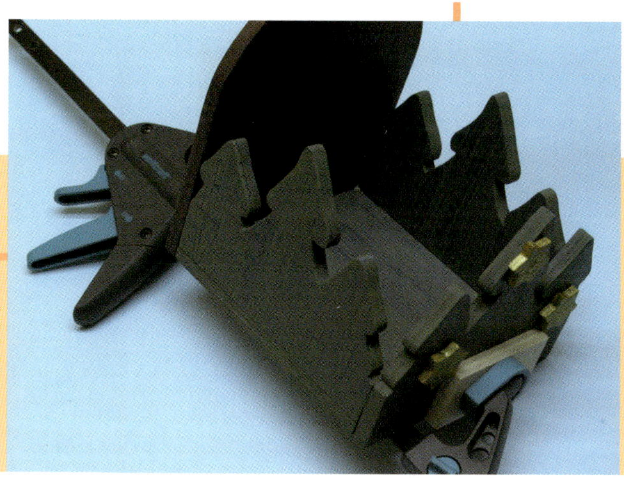

TIPPS

Als Schal können Sie dem Elch auch ein weihnachtliches Schleifenband um den Hals binden.

Schön sieht ein mit gelocktem Bindedraht verzierter Knopf am Geweih aus.

Wenn Sie nicht mit Krakelier-Lack arbeiten möchten, benötigen Sie keine blaue Farbe für die Bemalung.

Die mit Glimmerspray und Flitter verzierten Goldherzen sind ein zauberhaft glitzernder Hingucker auf der Kiste!

Der Krakelier-Lack verursacht zarte Risse in der oberen Farbschicht. Dadurch wird die Grundierung sichtbar. So wirkt der Elch auf edle Weise gealtert und schön rustikal.

... im Detail

Mit seinen lustigen Baumel-Beinchen sitzt der Elch besonders gern in Schränken, Regalen, auf dem Fenstersims oder der Kommode.

Blumentopfstecker
Seite 8

MATERIAL
- Sperrholz, 6 mm stark, 25 cm x 15 cm
- Sperrholz, 1 cm stark, 20 cm x 24 cm
- Holzlatte, 1 cm stark, 3 cm x 60 cm
- Acrylfarbe in Zartrosa, Lachsrot, Zartblau, Lindgrün, Pfirsich und Hausergrün
- Plusterstift in Weiß
- Bindedraht, ø 0,65 mm
- Strohbündel (evtl. Bastfasern in Natur)
- Holzbuchstaben: H, A, L, L, O, 3 cm hoch
- 3 Stoffmargeriten in Rosa, ø 3 cm
- ggf. Kreisschablone

Schäfchen auf Rädern
Seite 12

MATERIAL
- Sperrholzrest, 6 mm stark
- Buchenleimholz, 1,8 cm stark, 40 cm x 40 cm
- Acrylfarbe in Elfenbein, Lindgrün, Olivgrün, Hautfarbe, Lachsrot, Weiß und Zartblau
- 4 Holzräder, ø 8 cm, Bohrung: ø 5 mm
- Rohholzkugel, ø 2,5 cm, Bohrung: ø 6 mm
- Rundholzstäbchen, ø 5 mm, pro Achse 4,6 cm lang
- Ringschraube in Messing, 0,8 mm x 0,4 mm x 1,8 mm
- Bindedraht, ø 0,65 mm
- Messingschelle, ø 2,4 cm
- Paper Perfect® in Elfenbein
- Paketschnur, ø 2,5 mm
- Spachtel
- Bohrer, ø 1,5 mm und 5,5 mm

Frosch-Blumenkasten
Seite 16

MATERIAL
- Sperrholzrest, 6 mm stark
- Sperrholz, 1 cm stark, 70 cm x 40 cm
- Acrylfarbe in Gelbgrün, Zartblau, Pfirsich, Zarttürkis, Zartrosa, Zinnoberrot und Weiß
- Bindedraht, ø 0,35 mm und 0,65 mm
- 8 Holzschrauben, Senkkopf, ø 3 mm, 3 cm lang
- Plusterstift in Weiß
- 6 Stoffgänseblümchen, ø 2 cm
- Stoffstreifen, 4 cm breit, 18 cm lang
- Bohrer, ø 1,5 mm, 2 mm und 4 mm

Blumenmädchen
Seite 20

MATERIAL
- Sperrholzrest, 6 mm stark
- Sperrholz, 1 cm stark, 20 cm x 20 cm
- Rohholzhalbkugel, ø 1 cm
- Acrylfarbe in Hautfarbe, Weiß, Zartrosa, Goldgelb, Mittelblau, Zartblau und Hausergrün
- Metallglöckchen in Silber, ø 9 mm
- Baumwollkordel in Weiß, ø 1 mm, ca. 32 cm lang (Arme und Beine je 8 cm lang)
- Plusterstifte in Weiß und Sonnengelb
- Satinband in Hellgrün, 3 mm breit, 2 x 22 cm lang
- Bindedraht, ø 0,65 mm
- Stoffstreifen, 3 cm breit, 15 cm lang
- Bohrer, ø 1,5 mm und 2 mm

Osterhuhn
Seite 24

MATERIAL
- Sperrholzrest, 6 mm stark
- Sperrholz, 1 cm stark, 60 cm x 60 cm
- Acrylfarbe in Terrakotta, Weiß, Orange, Reseda, Mittelblau und Olivgrün
- Rundholzstäbchen, ø 4 mm, 5 cm lang
- Rundholzstäbchen und Zahnstocher
- Rohholzkugel, ø 1,5 cm, Bohrung: ø 4 mm
- Bindedraht, ø 0,35 mm
- 8 Holzschrauben, Senkkopf, ø 3 mm, 3 cm lang
- Plusterstift in Weiß
- Stoffstreifen, 5 cm breit, 20 cm lang
- Zinkeimer, ø 5,5 cm, 5 cm hoch
- etwas Heu
- Hammer
- Holzklötzchen
- Bohrer, ø 2 mm und 4 mm

Materiallisten zum Heraustrennen

Häschen

Seite 28

MATERIAL

- Sperrholzrest, 1 cm stark
- Buchenleimholz, 1,8 cm stark, 35 cm x 30 cm
- Acrylfarbe in Mittelbraun, Weiß und Lachsrot
- Rohholzhalbkugel, ø 3,5 cm
- Bindedraht, ø 0,35 mm und 0,65 mm
- Minirosenranke, ca. 26 cm lang
- Perlmuttknopf: Blüte, ø 2 cm
- Bohrer, ø 1,5 mm

Katz' und Maus

Seite 32

MATERIAL

- Sperrholzrest, 6 mm stark
- Sperrholz, 1 cm stark, 20 cm x 30 cm
- Acrylfarbe in Schwarz, Terrakotta, Weiß (Wange und Nase), Taubenblau, Mittelblau und Hausergrün
- 2 Rundholzstäbchen, ø 1 cm, je 18 cm lang
- Rundholzstäbchen (Filztasche wölben)
- Bastelfilzrest in Rot
- 9 Kammzwecken (kleine Nägel), ø 1,4 mm, je 1 cm lang
- Baumwollkordel in Natur, ø 1 mm, 5 cm lang
- Bindedraht, ø 0,65 mm
- Stoffstreifen, 4 cm breit, 25 cm lang
- Spitzzange
- Flachzange
- Hammer
- Bohrer, ø 1,5 mm, 2 mm, 4 mm und 1 cm

Kleine Hexe

Seite 36

MATERIAL

- Sperrholz, 6 mm stark, 28 cm x 20 cm
- Sperrholz, 1 cm stark, 45 cm x 25 cm
- Acrylfarbe in Orange, Mittelblau, Hausergrün, Hautfarbe, Reseda, Weiß (Katzennase), Zinnoberrot, Vanille, Violett, Aubergine, Schwarz, Mittelgelb und Immergrün (Struktur)
- Seegras
- Bindedraht, ø 1,4 mm, ca. 2 cm lang (pro Vogel 1 cm lang)
- Holzschraube, Senkkopf, ø 3 mm, 3 cm lang
- Stoffstreifen, 2 cm breit, 14 cm lang
- Stoffstück, 2 cm x 2 cm
- Bohrer, ø 1,5 mm, 2 mm und 4 mm

Schneemann

Seite 40

MATERIAL

- Sperrholzreste, 6 mm und 1 cm stark
- Buchenleimholz, 1,8 cm stark, 36 cm x 20 cm
- Leimholz- und Holzleistenrest
- Acrylfarbe in Mittelblau, Weiß, Reseda, Orange, Mittelgelb, Ginster (Antik, Struktur), Hellbraun, Taubenblau und Lachsrot
- Plusterstifte in Weiß, Mittelblau und Maigrün
- Paketschnur, ø 1,3 mm und 1,7 mm
- Strukturschnee
- Bohrer, ø 2 mm

Elchkiste

Seite 44

MATERIAL

- Sperrholzrest, 6 mm stark
- Sperrholz, 1 cm stark, 55 cm x 55 cm
- Acrylfarbe in Antikblau, Antikgrün, Dunkelbraun, Mittelbraun, Terrakotta, Weiß, Metallic-Gold und Schwarz
- Hologramm-Flitter
- Krakelier-Lack
- Glimmerspray in Gold
- 8 Holzschrauben, Senkkopf, ø 3 mm, 3 cm lang
- Stoffstreifen, 8 cm breit, 36 cm lang
- Paketschnur, ø 2,5 mm, ca. 96 cm lang (pro Bein ca. 26 cm, pro Arm ca. 22 cm lang)
- Bohrer, ø 2 mm, 3,5 mm und 4 mm

Materiallisten zum Heraustrennen